Augenblick mal! Sieben Wochen ohne Sofort! Was soll denn das? Genau! Pause. Und dann? Mal durchatmen.

Die Ungeduld gilt als ein Symbol der Moderne. Man darf vieles verlieren – nur nicht die Zeit. Gut also, dass ich meine Post nicht mehr zu Hause am Tisch lesen muss, nachdem ich – gefühlt stundenlang! – auf die Briefträgerin gewartet habe. Nein, die Mails lese ich an der Ampel auf meinem Smartphone. Und antworte noch auf dem Parkplatz vor dem Haus. Sofort!

„7 Wochen Ohne" möchte 2017 eine Kur der Entschleunigung anbieten. Alles hat seine Zeit, verspricht uns der Prediger in der Bibel (dazu Woche 1).

Zeit für schwierige Entscheidungen, die kleinen und die großen (Woche 2). Zeit, den Menschen im anderen zu sehen, etwa in der Schlange im Supermarkt, auch wenn man es eilig hat. Und dort vielleicht ein Bibelwort neu verstehen zu lernen: „So werden die Letzten die Ersten und die Ersten die Letzten sein." (Woche 4) – Zeit, wenn etwas schiefgeht, nicht gleich loszupoltern, sondern noch mal durchzuatmen. Statt den Zeigefinger mit der „Du bist schuld!"-Tirade auszufahren, lieber die ganze Hand ausstrecken, zuhören und vergeben (siehe Woche 5). Und: Nicht sofort aufgeben! Wenn es nicht mehr weitergeht, einmal Pause machen, eine Tasse Tee trinken, nachdenken: Zeit, den Dingen und sich selber eine zweite Chance zu geben (dazu Woche 6).

Dieses Innehalten hat uns Gott ganz am Anfang in unsere Zeitrechnung geschrieben: Den siebten Tag segnete der Schöpfer – und ruhte. Dazu sind wir auch eingeladen, jede Woche: Gottes Zeit feiern – bevor es wieder Alltag, wieder spannend wird. Mal nicht funktionieren, nicht Maschine sein, sondern Mensch (Woche 7). Das musste sich übrigens auch die fleißige Marta von Jesus sagen lassen: Sie hatte ihre Schwester Maria angemault, weil die nicht in der Küche half, sondern mit Jesus rumsaß und sich unterhielt. Und Jesus sagte: „Maria hat den guten Teil erwählt." (Woche 3) Greifen auch Sie zu: Augenblick mal! Sieben Wochen ohne Sofort!

Eine ruhige, stressfreie, gesegnete Fastenzeit wünscht Ihnen

ARND BRUMMER,
Geschäftsführer der Aktion
„7 Wochen Ohne"

Eröffnungsgottesdienst im ZDF

Der Gottesdienst zur Eröffnung der Fastenaktion findet statt am Sonntag, dem 5. März 2017, 9.30 Uhr, in der Gethsemanekirche in Frankfurt am Main, mit Regionalbischöfin Susanne Breit-Keßler, Prodekanin Dr. Ursula Schoen und dem Geschäftsführer der Aktion „7 Wochen Ohne" Arnd Brummer. Das ZDF überträgt den Gottesdienst live. Schalten Sie ein!

INFOS UND KONTAKT: www.7-wochen-ohne.de / info@7-wochen-ohne.de / Telefon: 069/580 98-247

Die Wochenthemen

Nicht sofort entscheiden

(Mt 1,18–24) Manchmal überrumpeln uns die Ereignisse. Die alten Antworten greifen nicht mehr, neue sind noch nicht gefunden. Das ist nicht leicht zu ertragen. Schnell will man Klarheit, wieder Herr der Lage sein. Doch gute Lösungen brauchen Zeit.

Nicht sofort drauflosschaffen

(Lk 10,38–42) Muße und Sternstunden werden nicht gern in To-do-Listen gequetscht. Sie ereignen sich. Es hilft, wenn man sich Lücken und Unterbrechungen im Alltag gönnt, so dass der Geist Atem holen kann.

Alles hat seine Zeit

(Prediger 3,1–4) Unsere Zeit liegt nicht in unserer, sondern in Gottes Hand. Sie bringt Leben und Brüche, Feste und Abschiede jenseits unserer Agenda. Wir dürfen getrost sein, dass Gott allem seine Zeit gibt – an uns ist es, uns diese Zeit auch zu nehmen. Damit nicht alles sofort und auf einmal passieren muss, sondern jeder Augenblick geschieht.

Nicht sofort losloltern (Eph 4,26–32)

Global vernetzt und ganztägig online, sind wir mit Kommentaren, Antworten, Sprüchen schnell zur Stelle. Da geraten auch grobe Worte und grober Unfug in Umlauf. Besser wäre: kurz innehalten, abwägen und „erbauliche" Worte suchen.

Nicht sofort aufgeben (Lk 13,6–9)

Die kümmerliche Pflanze, der unbeholfene Anfänger – alle haben mehrere Chancen verdient. Gut, wenn ihnen jemand die Zeit gibt, die sie brauchen, um zu gedeihen. Erfolgsdruck dagegen macht unfruchtbar.

Gottes Zeit feiern (Gen 2,1–4)

Damit hat Gott es wirklich ernst gemeint: Sobald er mit seinem Schöpfungswerk fertig war, hat er sich ausgeruht – und damit die Ruhepause geschaffen. Die gibt es nach wie vor, jede Woche mindestens eine: den Sonntag. Es ist gesegnete Zeit, die uns Kraft schöpfen lässt, die zu uns selbst und zu Gott zurückführt. Dieser Feiertag lässt auch die All-Tage glänzen.

Nicht sofort drankommen

(Mt 20,16) Die Unsitte der Ungeduld wirft sich als Tugend in Pose. Es muss geliefert werden – prompt! Ware, Leistung, Kommunikation, alles per sofort. Dass das selten guttut, steht schon in der Bibel. Man kann auch mal warten. Und andere mal warten lassen.

Alles hat seine Zeit

ASCHERMITTWOCH, 1. MÄRZ 2017

1

Ein jegliches hat seine Zeit, und alles Vorhaben unter dem Himmel hat seine Stunde: Geboren werden hat seine Zeit, sterben hat seine Zeit; pflanzen hat seine Zeit, ausreißen, was gepflanzt ist, hat seine Zeit; töten hat seine Zeit, heilen hat seine Zeit; abbrechen hat seine Zeit, bauen hat seine Zeit; weinen hat seine Zeit, lachen hat seine Zeit; klagen hat seine Zeit, tanzen hat seine Zeit;

PREDIGER 3,1–4

Fulbert Steffensky zu Prediger 3,1–4

In den kargen Zeiten meiner Kindheit waren den Menschen natürliche und oft harte Grenzen gesetzt. Erdbeeren und frisches Gemüse im Winter konnte man sich nicht vorstellen. Alles hatte seine Zeit. Umso köstlicher war der erste Salat im Frühjahr. Die Nacht konnte man nicht erhellen und zum Tag machen, wie wir es heute können. Das Leben fand in Rhythmen statt, nicht nur in den Rhythmen der Natur, sondern in Rhythmen, die die Gesellschaft und darin vor allem die Kirchen gesetzt haben. Man kannte die Fastenzeit, in der das Essen und das Vergnügen karg waren. Man kannte die Zeiten der Fülle, die danach kamen. Man hat die Sonntage beachtet, die von den Arbeitstagen verschieden waren. Man lebte also in Begrenzungen, die die Gesellschaft und die Natur verhängt hatten. Viele dieser Zeitgrenzen haben wir überwunden, wir sind freier geworden. Es könnte aber sein, dass wir uns selber undeutlich werden, wo alle Grenzen fallen, und dass das Leben uns weniger einleuchtet, wo es seine Rhythmen verliert. Man kann nicht zurückwollen in die alte Unfreiheit, aber man kann auch nicht verharren in der neuen Undeutlichkeit, in der alles jederzeit seine Zeit hat. Grenzen der Freiheit gab es früher reichlich. Grenzen, die die Freiheit schützen, müssen wir neu erfinden.

FULBERT STEFFENSKY ist Theologe und Schriftsteller

Organisation

Da erzählen sich die Leute immer so viel von Organisation (sprich vor lauter Eile: „Orrnisation"). Ich finde es gar nicht so wunderherrlich mit der Orrnisation.

Mir scheint vielmehr für dieses Gemache bezeichnend, dass die meisten Menschen zweierlei Dinge zu gleicher Zeit tun. Wenn einer mit einem spricht, unterschreibt er Briefe. Wenn er Briefe unterschreibt, telefoniert er. Während er telefoniert, dirigiert er mit dem linken Fuß einen Sprit-Konzern. Jeder hat vierundfünfzig Ämter. „Sie glauben nicht, was ich alles zu tun habe!" – Ich glaub's auch nicht. Weil das, was sie da formell verrichten, kein Mensch wirklich tun kann.

Es ist alles Fassade und dummes Zeug und eine Art Lebensspiel, so wie Kinder Kaufmannsladen spielen. Sie baden in den Formen der Technik, es macht ihnen einen Heidenspaß, das alles zu sagen; zu bedeuten hat es wenig. Sie lassen das Wort „betriebstechnisch" auf der Zunge zergehen wie ihre Großeltern das Wort „Nachtigall". Die paar vernünftigen Leute, die in Ruhe eine Sache nach der anderen erledigen, immer nur eine zur gleichen Zeit, haben viel Erfolg. Wie ich gelesen habe, wird das vor allem in Amerika so gemacht. Bei uns haben sie einen neuen Typus erfunden: den zappelnden Nichtstuer.

KURT TUCHOLSKY (1932), Journalist und Schriftsteller

3 / *Alles hat seine Zeit*

FREITAG, 3. MÄRZ 2017

Hetz mal den Apfel reif

MANFRED HINRICH, Philosoph und Autor

5 / Alles hat seine Zeit

SONNTAG INVOKAVIT, 5. MÄRZ 2017

Lebendig ist wer wach bleibt
sich den anderen schenkt
das Bessere hingibt
niemals rechnet.
Lebendig ist wer das Leben liebt
seine Begräbnisse seine Feste
wer Märchen und Mythen
auf den ödesten Bergen findet.

Lebendig ist wer das Licht erwartet
in den Tagen des schwarzen Sturms
wer die stilleren Lieder
ohne Geschrei und Schüsse wählt
sich zum Herbst hinwendet
und nicht aufhört zu lieben.

ANGELO MARIA RIPELLINO,
Dichter und Übersetzer

Stille Geburten nennt man es, wenn Kinder tot geboren werden. Still ist es im Kreißsaal, als Melanie am frühen Morgen ihre Tochter zur Welt bringt. Kim Sarah war kurz zuvor in ihrem Bauch gestorben. Im Laufe des Tages füllt sich das Zimmer mit Verwandten und Freunden. Melanie hat sie eingeladen. „Ich wollte, dass alle sie sehen. Ich wollte sie so gerne zeigen."

Sie haben gemeinsam geweint, aber sie haben auch gelacht. Über Kims markante Nase etwa, die verblüffend der ihres Großvaters ähnelt. Als ein Freund das ausspricht, kommt so etwas wie Heiterkeit auf. Sie spüren deutlich: Das hier ist eine kostbare Zeit, von der sie lange zehren müssen. Andi, Melanies Mann, schießt ein Foto nach dem anderen. Kim Sarah, eingehüllt in ein weiches Tuch, liegt mal im Arm ihrer Mutter, mal in einem Weidenkörbchen. Sie verändert sich im Laufe des Nachmittages. „Ihre Haut wurde dunkler", erinnert sich Andi, man habe ihr den Tod mehr und mehr angesehen. Melanie nickt dazu, doch sie sagt: „Ich habe es nicht bemerkt. Ich habe nur gesehen, wie schön sie war."

Es ist später Nachmittag, als Andi alle Kraft zusammennimmt und seine Tochter in die Hände der Hebamme legt, diesmal endgültig.

HANNA LUCASSEN, Journalistin

Ach bleib

  doch stehen

diesen einen Augenblick nur ohne Druck

auf diesen Knopf oder jenen. Halt ein

überwältigt vom Ansturm unscharfer Bilder

und schöpfe ein wenig Mut

aus dieser Quelle

in der sich unsere Hände berühren.

ULLA HAHN, Schriftstellerin

7 / *Alles hat seine Zeit*

DIENSTAG, 7. MÄRZ 2017

Die Geburt Jesu Christi geschah aber so: Als Maria, seine Mutter, dem Josef vertraut war, fand es sich, ehe sie zusammenkamen, dass sie schwanger war von dem Heiligen Geist. Josef aber, ihr Mann, der fromm und gerecht war und sie nicht in Schande bringen wollte, gedachte, sie heimlich zu verlassen. Als er noch so dachte, siehe, da erschien ihm ein Engel des Herrn im Traum und sprach: Josef, du Sohn Davids, fürchte dich nicht, Maria, deine Frau, zu dir zu nehmen; denn was sie empfangen hat, das ist von dem Heiligen Geist. Und sie wird einen Sohn gebären, dem sollst du den Namen Jesus geben, denn er wird sein Volk retten von ihren Sünden. Das ist aber alles geschehen, auf dass erfüllt würde, was der Herr durch den Propheten gesagt hat, der da spricht (Jesaja 7,14): „Siehe, eine Jungfrau wird schwanger sein und einen Sohn gebären, und sie werden ihm den Namen Immanuel geben", das heißt übersetzt: Gott mit uns.
Als nun Josef vom Schlaf erwachte, tat er, wie ihm der Engel des Herrn befohlen hatte, und nahm seine Frau zu sich.

MATTHÄUS 1,18–24

Nicht sofort entscheiden

MITTWOCH, 8. MÄRZ 2017

8

Fulbert Steffensky zu Matthäus 1,18–24

Es gibt erste Reaktionen auf Ereignisse der Freude, der Trauer, der Wut, der Überraschung, in denen wir nur begrenzt Herren unserer selbst sind. Wir sind hingerissen von der Situation. Das ist nicht nur schlecht, wie unmittelbare Reaktionen nicht nur schlecht sind. Wo kämen wir hin, wenn unsere Spontaneität in Bedenken und Bedächtigkeit ertränkt würde! Aber es gibt eine faule Unmittelbarkeit, in der wir uns selbst an den Augenblick verraten. Wir sind unbesonnen, besinnungslos Beute des Augenblicks. Besinnung ist ein Moment der Weisheit. Sie schützt unsere Freiheit und sie schützt andere vor uns selbst.

Meine Mutter hat uns Kindern beigebracht: Wenn ihr mit jemandem Streit habt, betet zuerst drei Ave-Maria, ehe ihr zuschlagt. Nun, manchmal hat ein ganzer Rosenkranz nicht geholfen. Zögern und nicht sofort entscheiden sind Momente der Weisheit.

Es gibt eine andere Gefahr: dass man aus lauter Zögern nicht zu einer Entscheidung kommt. Man wägt die Argumente für eine Handlung, die Gegenargumente und noch einmal die Argumente, und man bleibt gefangen in der Unfähigkeit, die Entscheidung zu treffen. Eine Entscheidung wird nicht nur durch die guten Argumente richtig, die man für sie hat. Sie wird auch richtig dadurch, dass man sie trifft.

FULBERT STEFFENSKY ist Theologe und Schriftsteller

9 / *Nicht sofort entscheiden*

DONNERSTAG, 9. MÄRZ 2017

10 / *Nicht sofort entscheiden*

FREITAG, 10. MÄRZ 2017

Auch ein Gebet

Hör mal, begann ich
und Gott hörte
den Wind in den Eichenbäumen
die fehlenden Worte
die Stille des Entsetzens
den wütenden Herzschlag
das Trotzdem

vor allem das Trotzdem.

Da wusste ich
ich hatte genug gesagt.

SUSANNE NIEMEYER,
Autorin

11 / Nicht sofort entscheiden

SAMSTAG, 11. MÄRZ 2017

Manche Leute waren der Ansicht, Beppo Straßen-
kehrer sei nicht ganz richtig im Kopf. Das kam
daher, dass er auf Fragen nur freundlich lächelte
und keine Antwort gab. Er dachte nach. Und wenn
er eine Antwort nicht nötig fand, schwieg er.
Wenn er aber eine für nötig hielt, dann dachte er
über diese Antwort nach. Manchmal dauerte es
zwei Stunden, mitunter aber auch einen ganzen
Tag, bis er etwas erwiderte.
Inzwischen hatte der andere natürlich vergessen,
was er gefragt hatte, und Beppos Worte kamen
ihm wunderlich vor.

Nur Momo konnte so lange warten und verstand,
was er sagte. Sie wusste, dass er sich so viel Zeit
nahm, um niemals etwas Unwahres zu sagen.
Denn nach seiner Meinung kam alles Unglück
der Welt von den vielen Lügen, den absichtlichen,
aber auch den unabsichtlichen, die nur aus Eile
oder Ungenauigkeit entstehen.

MICHAEL ENDE, Schriftsteller, aus: „Momo"

12

Nicht sofort entscheiden

SONNTAG REMINISZERE, 12. MÄRZ 2017

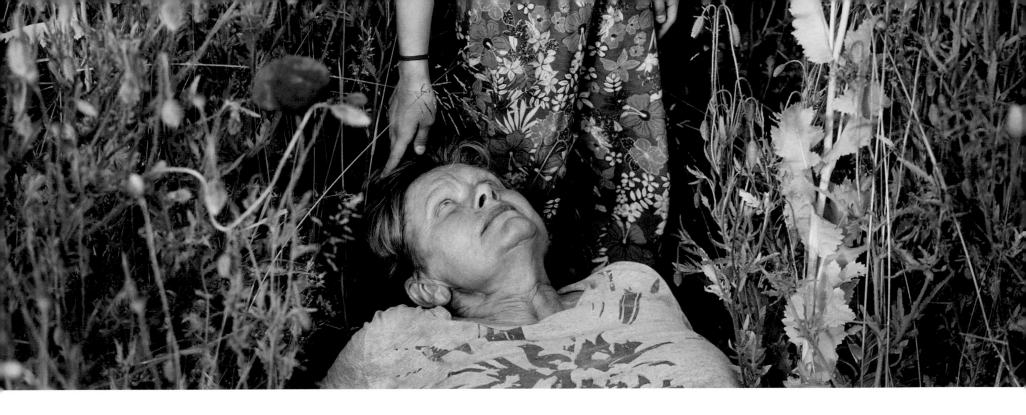

Wenn du am Abend schlafen gehst, so nimm noch etwas aus der Heiligen Schrift mit dir zu Bett, um es im Herzen zu erwägen und es – gleich wie ein Tier – wiederzukäuen und damit sanft einzuschlafen. Es soll aber nicht viel sein, eher ganz wenig, aber gut durchdacht und verstanden. Und wenn du am Morgen aufstehst, sollst du es als den Ertrag des gestrigen Tages vorfinden.

MARTIN LUTHER, Reformator

Zu einer Entscheidung gehört es abzuwägen, auch zu zweifeln.
Doch heute gibt es eine Rhetorik der Effizienz, der Leistung
und des Funktionierens, die mittlerweile alles durchdringt. Durch die
neuen Medien und gerade durch E-Mail und SMS muss alles ganz
schnell gehen, die Phasen des Nachdenkens oder Nachspürens werden
immer kürzer oder gleich ganz abgeschafft. Das ist schlecht, und das
führt nicht zu besseren Entscheidungen.

ANDREA NAHLES, Politikerin

13   Nicht sofort entscheiden

MONTAG, 13. MÄRZ 2017

Wer sich für einen Weg entschieden hat,
ist schon ein Stück von ihm.
Er geht in sich

ELAZAR BENYOËTZ, Aphoristiker und Lyriker

14 / *Nicht sofort entscheiden*

DIENSTAG, 14. MÄRZ 2017

Nicht sofort drauflosschaffen

MITTWOCH, 15. MÄRZ 2017

15

Als sie aber weiterzogen, kam er in ein Dorf. Da war eine Frau mit Namen Marta, die nahm ihn auf. Und sie hatte eine Schwester, die hieß Maria; die setzte sich dem Herrn zu Füßen und hörte seiner Rede zu. Marta aber machte sich viel zu schaffen, ihnen zu dienen. Und sie trat hinzu und sprach: Herr, fragst du nicht danach, dass mich meine Schwester lässt allein dienen? Sage ihr doch, dass sie mir helfen soll! Der Herr aber antwortete und sprach zu ihr: Marta, Marta, du hast viel Sorge und Mühe. Eins aber ist not. Maria hat das gute Teil erwählt; das soll nicht von ihr genommen werden.

LUKAS 10,38–42

Fulbert Steffensky zu Lukas 10,38–42

Vielleicht hat jene Marta ihrer Schwester gesagt: Müßiggang ist aller Laster Anfang! Marta kann sich immer rechtfertigen. Sie ist es, die Jesus aufnimmt. Sie ist es, die sich viel zu schaffen macht. Maria weiß, was Muße ist. Sie sitzt da, hört zu, ist versunken. Sie verfolgt keine Ziele und hat keine Absichten. Sie hat Zeit, sie ist Meisterin der Passivität. Das allein schon ist den Geschäftigen verdächtig. Vor ihnen kann sie sich nicht rechtfertigen, die so leicht Effizienz mit Sinn verwechseln. Ich schlage vor, liebe Leserin, lieber Leser, jene Maria nicht nur zu bewundern, sondern zu versuchen, was sie getan hat; etwa jeden Tag eine Viertelstunde still zu sitzen, eine Wolke zu betrachten oder eine Bibelstelle zu bewundern, eben ein bisschen Maria spielen und den Geschäften entsagen. Wahrscheinlich wird Ihnen gerade in jenem Augenblick einfallen, dass Sie noch die Fenster zu putzen, die Steuererklärung zu machen oder das Auto zu waschen haben. Sie werden feststellen, dass es leichter ist, Marta zu spielen als Maria. Die meisten von uns sind verliebt in ihre lustvolle Gejagtheit, wenn wir sie auch lauthals beklagen. Immerhin haben Sie sich die Zeit genommen, 7 Wochen Ohne zu lesen. Das ist ein guter Anfang.

FULBERT STEFFENSKY ist Theologe und Schriftsteller

16 / *Nicht sofort drauflosschaffen*

DONNERSTAG, 16. MÄRZ 2017

Meine Arbeit fängt oft sehr früh an, aber ich stehe zwei Stunden eher auf, damit ich nicht das Gefühl habe, gedrängt zu werden. In den zwei Stunden tue ich so, als hätte ich Zeit. Ich lese, höre Musik – ich mache Dinge, die um vier Uhr morgens absurd sind, aber so beginnt der Tag mit einer Phase, in der ich das Gefühl habe, ich bestimme sie selbst.

MATTHIAS BRANDT, Schauspieler

17 / *Nicht sofort drauflosschaffen*

FREITAG, 17. MÄRZ 2017

Der Sinn des Lebens kann doch nicht sein,
eine aufgeräumte Wohnung zu hinterlassen.

ELKE HEIDENREICH, Schriftstellerin und Literaturkritikerin

Immer denken wir, das Wesentliche müsse durch unsere Hände gemacht werden, wenn etwas Entscheidendes in unserem Leben sich ereignen solle, müssten wir etwas **tun.**
Von früh auf bis spät sind wir bemüht, uns wichtig zu nehmen, immer angehalten von dem Glauben, dass es auf uns ankomme und dass wir Wesentliches verpassen würden, täten wir dieses oder jenes nicht.
So geht der Alltag dahin, so verrinnen die Tage, so entschwinden die Jahre. Aber wer eigentlich **sind** wir? Wie viel Schönheit wird überlagert durch all das, was wir glauben erledigen zu müssen! Wie viel von der Zauberkraft unseres Herzens geht zugrunde an all dem Gestampfe, Gerenne, Getrete und Gelaufe in unserem Leben, am Platzbehaupten, Hinterherlaufen, Sich-selber-vorweg-Sein! Wär' es nicht möglich, es reifte das, was wir sind, in unserer Tiefe, und wir könnten's gar nicht erklügeln, nicht beschließen, es wäre nur einfach da?

EUGEN DREWERMANN,
Theologe und Psychotherapeut

Als sie nach einer Sommerreise ihren Garten wiedersah

Die unter Wunden
aufgesteckte Brombeerhecke
wuchs über sich hinaus,
mit Stachelschlangen
sind die Wege überschossen,
dein Fleiß vergessen,
deine Ordnung überlebt.

Verbrüdert wuchert Kresse
zwischen Bohnen, die Zwiebeln
haben sich mit Wicken
überworfen, der kleine Kürbis
stieg den Baum hinauf,
lässt seine Kugeln bei den Äpfeln
leuchten.

Sich zu verwüsten –
Lust der Gärten. Wenn
du dich freuen könntest,
Gärtnerin. Die Bombe
vom Tomatenstrauch
fällt weich.

PETER HORST NEUMANN,
Lyriker und Essayist

20 / Nicht sofort drauflosschaffen
MONTAG, 20. MÄRZ 2017

Einmal, als ich ihm die Hand gab, bedauerte er mich, weil die Hand kalt war, ich sagte, ich käme von draußen aus dem Regen. Er behielt meine Hand zwischen seinen Händen und sagte: „Ihr könnt tun, was ihr zu tun habt, ich werde derweil diese Hand wärmen."

ARNO GEIGER, Schriftsteller, über seinen demenzkranken Vater

21 / *Nicht sofort drauflosschaffen*

DIENSTAG, 21. MÄRZ 2017

So werden die Letzten die Ersten und die Ersten
die Letzten sein.

MATTHÄUS 20,16

Nicht sofort
drankommen

22

MITTWOCH, 22. MÄRZ 2017

Fulbert Steffensky zu Matthäus 20,16

„Sofort" ist eines der Grundworte der Gier. Sofort haben wollen, was die Augen sehen. Sofort und ohne Aufschub genießen wollen, was es zu genießen gibt, und in allen Dingen Erster sein müssen. Dieses „Sofort" ist kein unschuldiges Wort. Es richtet sich gegen die anderen, denen man diktiert, Zweite oder Letzte zu sein. „Sofort" ist kein Wort der Freiheit, sondern des Zwangs. Man ist gezwungen, Sieger zu sein. In Christa Wolfs „Kassandra" wird die Seherin von den Eroberern Trojas gefragt, ob ihre Stadt Bestand habe. Sie antwortet: „Wenn ihr aufhören könnt zu siegen, wird diese eure Stadt bestehen." Sie fügt mit schwacher Hoffnung dazu: „So mag es in der Zukunft Menschen geben, die ihren Sieg in Leben umzuwandeln wissen." Im Augenblick eilen wir noch von Sieg zu Sieg: unsere Siege über die Tiere, die Reinheit der Flüsse und die Lebensressourcen unserer Kinder. Ein Glück, dass es die alte Bibel gibt, die uns den Weg vertritt und nicht für die Siege, sondern für das Leben plädiert. Es gibt viele Gründe, sie zu lieben, einer der ersten ist jene Umkehrung der Werte: Die Ersten werden nicht die Ersten bleiben und die Letzten nicht die Letzten. Ich lobe die Schönheit der Idee, dass den Siegern ihre Siege genommen und den Besiegten das Leben versprochen ist.

FULBERT STEFFENSKY ist Theologe und Schriftsteller

Der verachtete Rat

Man darf nie weniger geschwind tun, wenn etwas geschehen soll, als wenn man auf die Stunde einhalten will. Ein Fußgänger auf der Basler Straße drehte sich um und sah einen wohlbeladenen Wagen schnell hinter sich hereilen. „Dem muß es nicht arg pressieren", dachte er. — „Kann ich vor Torschluß noch in die Stadt kommen?", fragte ihn der Fuhrmann. — „Schwerlich", sagte der Fußgänger, „doch wenn Ihr recht langsam fahrt, vielleicht. Ich will auch noch hinein." — „Wie weit ist's noch?" — „Noch zwei Stunden." — „Ei", dachte der Fuhrmann, „das ist einfältig geantwortet. Was gilt's, es ist ein Spaßvogel. Wenn ich mit Langsamkeit in zwei Stunden hineinkomme", dachte er, „so zwing ich's mit Geschwindigkeit in anderthalber und hab's desto gewisser." Also trieb er die Pferde an, daß die Steine davonflogen und die Pferde die Eisen verloren. Der Leser merkt etwas. „Was gilt's", denkt er, „es fuhr ein Rad vom Wagen?" Es kommt dem Hausfreund auch nicht darauf an. Eigentlich aber, und die Wahrheit zu sagen, brach die hintere Achse. Kurz, der Fuhrmann mußte schon im nächsten Dorf über Nacht bleiben. An Basel war nimmer zu denken. Der Fußgänger aber, als er nach einer Stunde durch das Dorf ging und ihn vor der Schmiede erblickte, hob den Zeigefinger in die Höhe. „Hab' ich Euch nicht gewarnt", sagte er, „hab' ich nicht gesagt: Wenn Ihr langsam fahrt!"

JOHANN PETER HEBEL (1811), Schriftsteller und Theologe

25 / Nicht sofort drankommen

Traum und Wirklichkeit

Ein junger Mann hatte einen Traum.
Hinter der Ladentheke sah er einen Engel.
Hastig fragte er ihn:
„Was verkaufen Sie, mein Herr?"
Der Engel gab ihm freundlich zur Antwort:
„Alles, was Sie wollen."
Der junge Mann sagte: „Dann hätte ich gerne:
– eine Frau, die mich immer versteht und
auf die ich mich verlassen kann,
– eine glückliche Ehe, die bis zu unserem
Lebensende glücklich bleibt;

– gute Freunde, die uns begleiten,
– Kinder, die sich gut entwickeln und an denen
wir unsere Freude haben
– und, und…"
Da fiel ihm der Engel ins Wort und sagte:
„Entschuldigen Sie, junger Mann, Sie haben
mich verkehrt verstanden. Wir verkaufen
keine Früchte hier, wir verkaufen nur den
Samen."

HEINZ SUMMERER, Pfarrer

26 / *Nicht sofort drankommen*

SONNTAG LÄTARE, 26. MÄRZ 2017

Wonach man jagt, das bekommt man nicht;
aber was man werden lässt, das fliegt einem zu.

PINCHAS VON KOREZ, Rabbi

27 / Nicht sofort drankommen

MONTAG, 27. MÄRZ 2017

Information ist schnell. Wahrheit braucht Zeit.

PETER GLASER, Autor und Computerexperte

Langsame Stadt

Cittàslow, das ist eine Stadt, in der die Menschen neugierig auf die wiedergefundene Zeit sind, die reich ist an Plätzen, Theatern, Geschäften, Cafés, Restaurants, Orten voller Geist, ursprünglichen Landschaften, faszinierender Handwerkskunst, wo der Mensch noch das Langsame anerkennt, den Wechsel der Jahreszeiten, die Echtheit der Produkte und die Spontaneität der Bräuche genießt, den Geschmack und die Gesundheit achtet.

CITTÀSLOW (ital. città = Stadt, engl. slow = langsam) ist eine Vereinigung kleinerer Städte. Sie setzen auf regionale Besonderheiten, Betriebe und Produkte statt auf Franchiseunternehmen. Das bedeutet auch, dass nicht immer alles verfügbar ist.
Die Idee kam 1999 aus Italien. Mittlerweile gehören 225 Städte in 30 Ländern zu Cittàslow, 15 dieser Städte liegen in Deutschland.

28 / Nicht sofort drankommen

DIENSTAG, 28. MÄRZ 2017

Nicht sofort lospoltern

MITTWOCH, 29. MÄRZ 2017

29

Zürnt ihr, so sündigt nicht; lasst die Sonne nicht über eurem Zorn untergehen und gebt nicht Raum dem Teufel. […] Lasst kein faules Geschwätz aus eurem Mund gehen, sondern redet, was gut ist, was erbaut und was notwendig ist, damit es Gnade bringe denen, die es hören. […] Alle Bitterkeit und Grimm und Zorn und Geschrei und Lästerung seien fern von euch samt aller Bosheit. Seid aber untereinander freundlich und herzlich und vergebt einer dem andern, wie auch Gott euch vergeben hat in Christus.

EPHESER 4,26–32

Fulbert Steffensky zu Epheser 4,26–32

Man ist nicht immer Herr im eigenen Haus. Gefühle kommen, ohne uns zu fragen; die Gefühle der Zuneigung wie die der Abneigung. Man ist machtlos über sie, aber nicht machtlos in der Frage, wie man damit umgeht. Der Zorn über das Unrecht, das einem angetan wird, hat seine Zeit und sein Recht. Vielleicht ist das „Lospoltern" als erste Reaktion auf ein Unrecht gar nicht so schlecht. Je fester eine Beziehung ist, umso mehr Unmittelbarkeit verträgt sie. Den Zorn und die Empörung runterzuschlucken, könnte sie zur Bitterkeit machen; zum festgefressenen Ärger und Unfrieden, die schwerer zu lösen sind als die kleinen lospolternden Zornesausbrüche. Der Text des Epheserbriefes untersagt den Zorn nicht, sondern rät dazu, sich vor Sonnenuntergang aus seinen Fängen zu befreien und wieder Meister der eigenen Gefühle zu werden. Er rät zum Frieden und zur Vergebung. Das ist nicht ganz leicht. Auch die Vergebung geht einen langsamen Weg, und manchmal gelingt sie erst nach einer Reihe von Sonnenuntergängen. Aber eines kann man schon früh tun: Es aufgeben, dem zu schaden, der uns beleidigt hat. Das ist schon viel und schwer genug. Es ist ein Weg des Friedens, der schon gehbar ist, ehe das grollende Herz friedfertig sein kann.

FULBERT STEFFENSKY ist Theologe und Schriftsteller

Man kann nicht immer meckern,
man muss auch mal schlafen.

ERHARD H. BELLERMANN, Dichter und Aphoristiker

31 / *Nicht sofort lospoltern*

FREITAG, 31. MÄRZ 2017

Zeichen im Sand,
mit dem Finger geschrieben,
Bedenkzeit.

Du brauchst keinen Stein mehr zu werfen.

FRANZ FASSBIND, Schriftsteller und Dramatiker

33 / *Nicht sofort lospoltern*

SONNTAG JUDIKA, 2. APRIL 2017

„Ich habe ‚Scheißbulle' gesagt."
Es folgte ein langes Schweigen, indes der feine, rötliche Regen
weiterfiel und die eisige Nacht herrschte. Endlich sprach der
Wachtmeister:
„So was sollten Sie nicht sagen … Nein, wirklich und wahrhaftig,
so was sollten Sie nicht sagen. In Ihrem Alter müssten Sie
eigentlich vernünftiger sein … Gehen Sie weiter …"
„Warum verhaften Sie mich nicht?", fragte Crainquebille.
Der Wachtmeister schüttelte den Kopf unter seiner nassen
Kapuze und meinte:
„Wenn wir alle Besoffenen einsperren wollten, die sagen,
was sie nicht sagen sollten, hätten wir viel zu tun! … Und was
wäre damit gewonnen?"
Crainquebille war wie erschlagen von dieser großmütigen

Verachtung. Lange blieb er betäubt und schweigend im Rinnstein
stehen. Ehe er weiterging, versuchte er eine Erklärung:
„Ich hab Sie nicht gemeint, als ich ‚Scheißbulle' gesagt hab.
Ich hab eigentlich überhaupt keinen gemeint, als ich es gesagt
habe. Es war nur so ein Einfall."
Der Wachtmeister erwiderte mit gestrenger Nachsicht:
„Ob es ein Einfall oder sonst was war, ganz egal, so was sagt
man nicht. Wenn ein Mann seine Pflicht tut und viele Strapazen
auf sich nimmt, soll man ihn nicht mit überflüssigen Worten
beleidigen … Ich wiederhole: Gehen Sie weiter."
Crainquebille senkte den Kopf und schritt mit hängenden
Armen durch den Regen in die Dunkelheit.

ANATOLE FRANCE, Schriftsteller

34 / *Nicht sofort lospoltern*

MONTAG, 3. APRIL 2017

*„Halten Sie endlich das Maul, Sie verf…kte Kirchenziege"
heißt es in einer anonymen Mail an mich. In einer anderen:
„Dich sollten sie über IS-Gebiet aus dem Hubschrauber
abwerfen, dann kannst du deine Islamfreunde treffen."
Hässliche, widerwärtige Kommentare, an denen mich
besonders stört, dass die Leute sie anonym abgeben.
Ich finde es großartig, in einem Land zu leben, in dem wir
Kritik üben dürfen. Es ist gut, zu ringen, miteinander nach
Wegen, nach Problemlösungen, neuen Konzepten zu suchen.
Aber im Internet herumzupöbeln und andere zu
beschimpfen, ist etwas ganz anderes. Was fehlt, ist der
Moment des Innehaltens, um abzuwägen: Würde ich
ebenso formulieren, wenn mein Name drunterstünde?
Und was wäre, wenn mir die Person gegenüberstünde?*

MARGOT KÄSSMANN, Theologin und EKD-Botschafterin
für das Reformationsjubiläum 2017

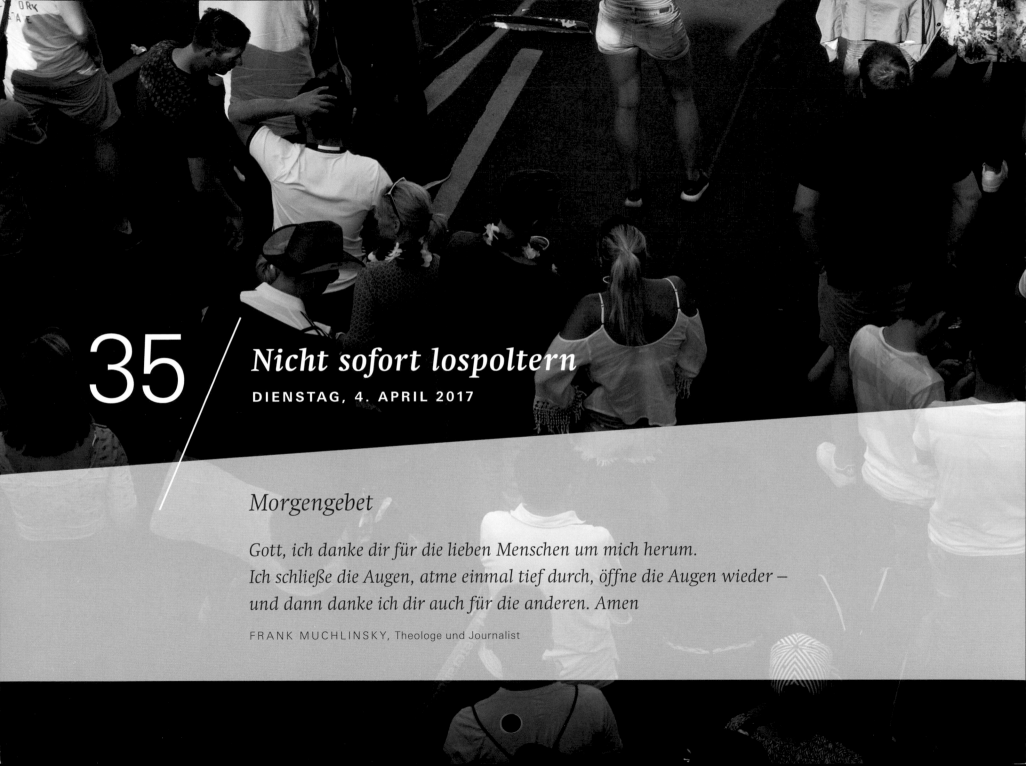

35

Nicht sofort lospoltern

Morgengebet

Gott, ich danke dir für die lieben Menschen um mich herum.
Ich schließe die Augen, atme einmal tief durch, öffne die Augen wieder –
und dann danke ich dir auch für die anderen. Amen

FRANK MUCHLINSKY, Theologe und Journalist

Nicht sofort aufgeben

MITTWOCH, 5. APRIL 2017

36

Er sagte ihnen aber dies Gleichnis: Es hatte einer einen Feigenbaum, der war gepflanzt in seinem Weinberg, und er kam und suchte Frucht darauf und fand keine. Da sprach er zu dem Weingärtner: Siehe, drei Jahre komme ich und suche Frucht an diesem Feigenbaum und finde keine. So hau ihn ab! Was nimmt er dem Boden die Kraft? Er aber antwortete und sprach zu ihm: Herr, lass ihn noch dies Jahr, bis ich um ihn herum grabe und ihn dünge; vielleicht bringt er doch noch Frucht; wenn aber nicht, so hau ihn ab.

LUKAS 13,6–9

Nicht sofort aufgeben

DONNERSTAG, 6. APRIL 2017

Fulbert Steffensky zu Lukas 13,6–9

Vor Jahren haben mir Freunde ein Apfelbäumchen geschenkt. Ich habe es in unseren Garten gesetzt und auf Blüte und Frucht gewartet. Drei Jahre hat das nur mühsam wachsende Bäumchen nichts geliefert, die Jahre darauf zwei oder drei klägliche Äpfelchen, im letzten acht, zwar klein und unansehnlich, aber das Bäumchen hat sich abgemüht und es nicht zu mehr gebracht. Ich liebe dieses Bäumchen mit seiner Mühe und seinen kläglichen Früchten, und ich werde es nicht umhauen.
Der produktorientierte Herr des Weingartens will dem Feigenbaum des Gleichnisses keine Zeit lassen: „So hau ihn um!", befiehlt er dem Gärtner. Gärtner sind geduldiger als die „Herren", und darum bittet der Gärtner dieser

Geschichte: Gib ihm eine Chance! Ich will ihn düngen, vielleicht bringt er doch noch Frucht. Es ist das hoffende „Vielleicht" der Liebe. Sie ist geduldig und mit der Axt nicht so schnell dabei. Der Bitte des Gärtners wegen ist das Gleichnis erzählt. Je älter man wird, und wenn man weiß, wie bescheiden die Früchte des eigenen Lebens sind, umso mehr dürstet man nach der Fürsprache des geduldigen Gärtners. Man braucht den Gärtnergott, der die Geduld nicht verliert. Man kommt mit dem Früchte suchenden Herrengott nicht aus. Das merkt man in all den Jahren der geringen Lebenserträge.

FULBERT STEFFENSKY, Theologe und Schriftsteller

●

Die Stunde unseres Scheiterns ist die Stunde der unerhörten Nähe Gottes und gerade nicht der Ferne.

DIETRICH BONHOEFFER, Theologe

38 / *Nicht sofort aufgeben*

FREITAG, 7. APRIL 2017

39 / *Nicht sofort aufgeben*

SAMSTAG, 8. APRIL 2017

Als ich den Keller entrümpele, finde ich in einer Kiste einen Brief. Ziemlich alt. Darin teilt
der Leiter der Grundschule meinen Eltern mit, dass ich der Schule verwiesen werde.
Weil ich mit einem Stuhl auf eine Lehrerin losgegangen bin. Ich war damals neun – und beim
Lesen kommen die Ängste wieder hoch. Zum Glück nicht nur die. Ich durfte nämlich auf
der Schule bleiben. Weil sich die Lehrerin für mich einsetzte. Weil sie dem empörten Direktor
in einem langen Gespräch erklärte, dass sie trotz dieses Ausrutschers an mich glaube.
Das war vermutlich die erste Gnadenerfahrung meines Lebens.

FABIAN VOGT, Pfarrer und Kabarettist

Nicht müde werden

Nicht müde werden
sondern dem Wunder
leise
wie einem Vogel
die Hand hinhalten.

HILDE DOMIN, Lyrikerin

40 / Nicht sofort aufgeben
SONNTAG PALMARUM, 9. APRIL 2017

Pick-me-up-Poem

Ja, du lagst am Boden,
Ja, man hat dir ein Bein gestellt – mehr als eins!
Man hat dich bespuckt, beschimpft, belogen,
Ja, du hast nächtelang geweint.
Ja, du bist gefallen
und ja, als du lagst, trat man auf dich drauf.
Aber hey, schau dich an:
Du standest auch wieder auf.
Und jetzt bist du hier.
Ich sag: Sei stolz auf dich!
Du hast Großes erreicht.
Ich sag: Erinnere dich!

Es war nicht immer leicht.
Ich sag: Mein Gott, wie schön du bist.
Du strahlst von innen raus.
Ich sag: mein Kind, sei dir gewiss,
dass du dein Lächeln heute noch brauchst.
Ich sag ja gar nicht, dass es leichter wird ab jetzt.
Das Leben ist manchmal nicht gut zu dir.
Und du hast dir verdammt hohe Ziele gesetzt.
Aber immerhin, sag ich: Du bist hier.

FEE, Poetry-Slammerin

Es ist wichtig, Träume zu haben,
die groß genug sind,
dass man sie nicht
aus den Augen verliert,
während man sie verfolgt!

OSCAR WILDE zugeschrieben, Schriftsteller

42

Nicht sofort aufgeben

DIENSTAG, 11. APRIL 2017

Gottes Zeit feiern

*So wurden vollendet Himmel und Erde mit ihrem ganzen Heer. Und so vollendete Gott
am siebenten Tage seine Werke, die er machte, und ruhte am siebenten Tage
von allen seinen Werken, die er gemacht hatte. Und Gott segnete den siebenten Tag
und heiligte ihn, weil er an ihm ruhte von allen seinen Werken, die Gott
geschaffen und gemacht hatte. Dies ist die Geschichte von Himmel und Erde,
da sie geschaffen wurden.*

GENESIS 2,1–4

Fulbert Steffensky zu Genesis 2,1–4

Zu einem guten Arbeiter gehört es, dass er aufhören kann zu arbeiten, und dass er keine Angst vor der Ruhe hat. Es gibt eine Emsigkeit, die nur getarnte Faulheit ist. Ich misstraue dem Fleiß derer, die ewig betonen, sie hätten keine Zeit für Musik, für ein Buch, für ein Gebet, für den Gottesdienst. Dies sind Dinge, die keine Zwecke haben, und gerade darum müssen wir sie retten. Welche Schönheit und Kühnheit, dem knechtischen Leben mit dem Sonntag sein endgültiges Recht zu bestreiten; sich die Poesie der Lieder und der Gebete zu erlauben; andere Kleider anzuziehen, besser zu essen und zu trinken und damit die zu spielen, die wir erst sein werden! Eine störrische Größe hat der Sonntag. Menschen entziehen sich dem Diktat des Funktionierens. Die Zeit und die Kräfte der Menschen und der Tiere liegen brach. Für einen Tag verweigern sich Menschen dem Reich der Zwänge. Abraham Heschel sagt vom Sabbat – und es gilt für den Sonntag: „Den Sabbat feiern, bedeutet unsere letzte Unabhängigkeit von Zivilisation und Gesellschaft zu erfahren, von Leistung und Angst. Der Sabbat ist eine Verkörperung des Glaubens, dass alle Menschen gleich sind und dass die Gleichheit der Menschen ihren Adel ausmacht. Die größte Sünde des Menschen ist es zu vergessen, dass er ein Königskind ist."

FULBERT STEFFENSKY ist Theologe und Schriftsteller

45

Gottes Zeit feiern

KARFREITAG, 14. APRIL 2017